諷 詩 調 · 32

2013년 6월

박진환 제50시집

지성 · 감성의 메타언어
조선문학시인선 · 347

諷 詩 調 · 32

2013년 6월

조선문학사

■ 책머리에

諷詩調는 광기의 미학이다

諷詩調를 쓰는 것은 일종의 광기가 아니면 독실한 신앙이다. 시로써 악을 교정, 개선이기를 희망하는 구원으로서의 신앙, 그래서 諷詩調는 종교적 발현이자 이를 실현하고자 하는 광기의 미학이다.

2013년 初夏

박 진 환

박진환 제50시집 / 諷詩調 · 32

2013년 6월

차례

오선생님

김정은 가라사대 우리도 핵 깐것 있어 관나타모 수용소도 있고
없는 것도 있지, 총기난사, 데모, 흑인도 없어, 없는 것도 자랑이여
있고, 없곤 관두고 만나 이야기나 합시다 오선생님

수폭 돼

낙동강 물고기 씨가 마른 걸 두고 4대강 때문이란 어민들
어민들관 달리 정부에선 어자원 늘었다고
조사결과 2년 뒤면 안다니, 어민들 분통 2년 키우면 수폭 돼

이기면 그만인게야

망언에 망발에, 망각에 거짓말까지, 비난여론 비등에
일 아베, 그래도 선거만 이기면 돼, 정치란 게 뭔데
거짓말하는 기술, 이기면 그만인게야

되는 게 있어야지

국정원 선거개입 국정조사가 먼저다, NLL조사가 먼저다
서로 먼저 따질 것 없이 동시에 실시하면 어떨까?
안된다고? 허긴 국회란 게 되는 게 있어야지

훈풍에도 꺼지는 것이어서

향후 한국경제, 외풍 앞에 촛불이라던데
그깐 외풍, 창조경제, 민주경제풍 앞에선 훈풍이야
헌데 촛불이란게 훈풍에도 꺼지는 것이어서

태작이어서

취업위해 대졸자 고졸자로 학력위조 다반사라던데
상향 위조시절이 그리워지는 웃기는 작태
허긴 작태란 게 워낙 부실한 대학교육정책의 산물인 태작이어서

식상과 상식

국정원 공개문건 사기진작이 먼저냐? 국익이 먼저냐?
후자가 상식인데 상식에도 못 미치는 전자 국정원
허 부처이익에 식상한 국민들 상식 식상으로 토해내지

세태

중졸보다 고졸, 고졸보다 대졸, 대졸보다 유학이 세태인 학력
헌데 요즘 대졸자 고졸로 학력위조가 세태라데
다만 유학은 달라, 높일수록 有學이 되는 세태거든

단물만 넘기거든

점심 식빵으로 때우고 술과 국수로 저녁을 때웠더니, 웬걸 신물이 넘어와 식도염 복통을 앓았다, 위보다 정직한게 또 있을까 양심? 웃겨, 양심이란 놈은 쇠를 깨물어 포식하고도 단물만 넘기거든

철조망 신세여서

아무리 발버둥쳐도 갈 수도 올 수도 없는 입국불가 북녘을
탈북 · 월북 · 납북 · 입북 북적이는 나들이로 세계 떠들썩하던데
남녘이 갇힌건지, 북녘이 닫힌건지 정작 남북은 철조망 신세여서

악법 못 면하거든

지방대 출신 공직채용 법제화 운운
운운으로 끝나면 좋은데 정작 법으로 제정되면 운운으로 안 끝나
만인에게 공평한 법, 지역편의법 돼 악법 못 면하거든

망가 · 망국 부르거든

일 아베노믹스 붕괴설 여러 정황들어 자국에서 나돌던데
어쩐지 입놀림이 심상치 않더라 했더니
망언 · 망발 · 망신, 망자 입놀림, 끝내는 망가 · 망국 부르거든

구경거리 아닐지

힘겹고 고달픈 삶 철되어 피는 꽃구경으로 풀어보는 것도
생각의 결핍, 상상력 고갈, 마음의 빈곤, 눈요기로 채워보는 것도
입북·원전 복마전, 파한삼아 나랏님 자랑 지켜보는 것도

관심 밖 아니거든

영어 잘해도 자랑, 옷 잘 입어도 자랑, 얼굴 잘나도 자랑
자랑거리 많으면 오복인지 육복인지 관심 밖이지만
자랑 끝에 불붙으면※ 자랑 되레 허물돼 관심 밖 아니거든

※ 무엇을 너무 자랑하면 그 끝에는 무슨 말썽거리가 생긴다는 우리 속담.

염병앓이 안할지

원전사고 두고 구정권 · 신정권 · 감사원 견해 각각
다만 같은 건 원인 아닌 결과, 국민에게 인내 강요
안그래도 춘 · 추 없는 하 · 동 뿐인 올여름 더위에 염병앓이 안할지

무슨 말씀

맨날 남을 헐뜯고 비아냥하고 비판 · 고발 일삼는다는데
당신은 선의 사도인가? 무슨 섭섭한 말씀을, 나는 악의 암덩이지
해서 암덩이 도려내려고 복수의 칼 풍시조로 간다고

땀의 등정을 더 사랑한다

동굴살이 내 삶을 딱하게 여겨 동정하는 이가 많다
허나 그중 낮은 곳에 살아도 그중 높은 곳 탐한 적 없다
등태산이소천하보다 정복을 허락하는 땀의 등정을 더 사랑한다

※ 등태산이소천하(登太山而小天下) : 높은 산에 오르니 세상이 작아보인다 함이니 높은자리에 오르면 세상사람들을 우습게 본다는 맹자의 말.

평범한 삶과 고상한 이상

평범한 삶과 고상한 이상을 꿈꾸었던 시인 워즈워드
이는 시인이 아닌 시가 곧 그러함이 아니던가
시를 잃고 사는 이 시대의 삶과 이상을 시는 말해주지 않느니

사람 사는 이치도 그러하거니

그중 낮은 곳을 골라 디뎌도 바다에 닿아 평균수위를 이루는 물

그중 높은 곳만 골라 디뎌도 하늘에 닿지 못한 불균등의 산

하나 되는 물과 높낮이 달리한 산, 사람 사는 이치도 그러하거니

교도소

법은 악을 막고 다스리고 도려내는 병동
사회는 악의 온상 소굴, 자행하는 무대
풍시조는 이를 개선・교정하는 교도관이 없는 교도소

보도이니

마음에 지니고 사는 칼, 강도질을 하기 위한 칼이다
무엇을 빼앗고 싶냐고? 오해허질랑 마시게
물욕 · 명예욕 · 애욕으로 치부한 내 부를 빼앗기 위한 보도이니

지화자지

남북 입도, 뜻도, 생각도, 방법도 서로 달라 도도도도에 머물러
레미파솔라시도로 이어지지 못해 화음이 될 수 없더니
막힌 말의 물꼬 튼다고? 터서 화음 이루면 지화자지

정치는

거짓말이 섞이지 않은 정치는 앙꼬 없는 빵

속임수 없는 정치는 주정 없는 술

국민이란 거짓말·속임수로 배불린 포식자이자 취해사는 주정꾼

전례여서

박근혜 대통령 취임 100일 인기도 역대 대통령의 중간대인 60%대
잘만 유지하면 좋겠네만
100일 넘기면 인기그래프 낙법하듯 하향곡선 못면한게 전례여서

요즘 세상

전화를 받을 때마다 가슴을 뛰게 하는 사람이 있다
뛰게 하는 사람과 뛰는 사람이면 연인사이 아니던가?
연인은 무슨 얼어죽을, 채무이행 독촉하는 채권자라고

씀씀이 물쓰듯해서

공공기업 빚더미 고스란히 국가 빚더미만 쌓아 올려
벌어들여 낮춰도 시원찮을 판에 득불보실 못 면한다니
그래도 연봉은 최상위급, 빚쟁이 주제에 씀씀이 물쓰듯해서

※ 득불보실(得不補失) : 얻은 것으로써 잃은 것을 채우지 못한다는 말이니 손해가 크다는 뜻.

빚쟁이

국가빚 500조원이면 국민 1인당 빚은 얼마나 될까?
내 산술 실력으론 불가지만 등 휘일 정도의 무게쯤으로 계산 가
하나님 축복받고 갓 태어난 생명, 이름짓기도 전에 붙여진 이름 빚쟁이

세계비난여론 쓰나미로 덮칠 텐데

일, 아베노믹스 물결 극우세력 쓰나미로 이어질 듯
내놓고, 그것도 집단으로 찾는 신사참배, 전범들 혼이 놀라 깰판
놀라 전쟁망령 되살아나면 세계비난여론 쓰나미로 덮칠 텐데

높은 콧대도 선망인 걸

중국 지진대참사 지켜보며 주변국들 지원 희망 모두 사양
허긴 능력 없으면 몰라도 있으면 신세 안지는 게 군자답지
인인성사 일삼는 우리네 처지에서 보면 높은 콧대 G2 선망일밖에

※ 인인성사(因人成事) : 남의 도움을 받아 일을 이룸.

싹쓸이 됐으면

개성공단 입주도 하고, 금강산도 관광하고, 이산가족도 만나고
고고고 쓰리 고면 화투판에선 싹쓸인데
남북 걸림돌도 이참에 쓰리 고로 싹쓸이 됐으면

양심도서관?

양심도서관? 거참 별난 도서관도 다 있네
양심이란 양심 제자리 떠난지 오랜데, 꽂힌 책 제자리 지킬까?
글쎄올씨다, 책도 도둑따라 가버리는, 양심 씨가 마른 세상인데

인간 개조인데

라오스 대사관 미숙이냐, 실수냐, 방관·외면이었나
소 잃고 외양간 고치는 망치소리 요란하던데
망치로 개조될까, 소 아닌 인간 개조인데

장미밭은 어디쯤 있는 건지?

중국경제 퇴조로 세계경제 잿빛 우려하는 목소리 높은데
신종 이코노믹스 민주경제 창조경제로 장밋빛 만발한 코리아
헌데 민주·창조 이제 첫걸음, 장미밭은 어디쯤에 있는 건지?

명코와 멍코

내자 왈 주방에서 타는 냄새 잘 맡는다고 내 코를 명코란다
암, 명코지, 아무것도 못 맡는 멍코와는 다르다고
헌데 귀신같이 동취 맡아내는 명코보다 못 맡는, 멍코가 더 부러워서

당장에 OK로 KO 되지

아무리 친한 사이라도 이야기 좀 하자 하면 다음 기회로 미뤄
이야기대신 술이나 한잔 하자 하면 몇시에로 금방 응해
남·북, 북·미도 그래, 술대신 당근 내밀어봐, 당장에 OK로 KO 되지

세상사는 이치도 그래

나 갔다 온다와 나갔다 온다는 띄어쓰기 하나 차이
살다 죽는 生死와 죽어야 사는 死生은 거꾸로 돌리기 차이
위 아래 上下는 바로 놓고 뒤집어 놓기 차이, 세상사는 이치도 그래

낚시에 서툴러서

영국속담에 미끼가 없는 낚시는 고기를 낚을 수 없다던데
조건이 충족되지 않으면 대화는 없다는 미 대화 전제
입감을 던져도 물까말까 한판에 전제라니 역시 낚시에 서툴러서

골칫거리만 한 보따리니

남 대화제의에 북 대화 거부, 그래야 훙정꾼 끼어들지
싸움은 말리고 흥정은 붙여야 거간꾼 빈손 면하기 마련인데
남북흥정엔 승두지리는 고사하고 빈손에 골칫거리만 한 보따리니

※ 승두지리(升斗之利) : 작은 이익을 이르는 말.

결과는 칼자루 쥔 쪽이거든

식물 장관이면 어떻고 동물 장관이면 어떻냐
평가가 대수냐 버젓이 장관으로 임명됐으면 그만이지
인사청문회 동식물 앞에 했건, 사람 앞에 했건, 결과는 칼자루 쥔쪽이거든

교과서엔 없어

경제민주화가 뭐냐고? 모르지, 아냐, 알아도 그만 몰라도 그만이야

단 하나 지금까지의 독재 · 전제 · 재벌화 못 면한 부익부

빈익빈의 경제를 지양, 고루 잘살게 하자는건데 교과서엔 답 없어서

핵기술만 못해서

핵몽둥이 운운하며 핵갈공 휘두르는 북녘
핵보유 자랑에 대화는 굴욕이라 거부
굴복은 때로는 최상의 성공이라던데, 그 기술 핵기술만 못해서

백치 못 면하면 어쩌지

청문회 질문공세에 당황해 머리가 하얘졌다는 장관 내정자
그래도 장관에 임명되자 이번엔 황당해한 국민의 머리가 하얘져
먹통머리 하얘진건 좋네마는 당황이 황당돼 백치 못면하면 어쩌지

잠꼬대나 아닐지

시인들 즐겨 낮달 시로 읊으시던데
보름달도, 초승·그믐달도 다 외면하고 사는 요즘 세상에 웬 낮달
벌건 대낮에 잠꼬대나 아닐지

팔랑개비

성내동 로터리 공원에 세워둔 팔랑개비가 풍향 따라 돌고 있다
돈다고 했나? 아니지, 시대바람, 정치바람, 돈바람에 돌고 도는
길 잃고 헤매는 팔랑개비들 바른길 안내하는 고 · 스톱 시그널이지

청남대

높은 담으로 울타리 친 푸른집처럼 강물로 둘린 울타리 친 청남대
눈과 가슴으로 담아 올 수 있는 숲·강·꽃·바람은 다 제자리에 두고
어느 대통령의 휘호 선우후락 하나만 마음으로 담아왔다

※ 선우후락(先憂後樂) : 세상의 근심할 일을 남보다 먼저 하고 즐길 일을 남보다 후에 즐긴다함이니 志士나 仁人의 마음씨를 이르는 말.

꽃 중의 꽃 양귀비꽃

만인을 취하게 하는 아편기 없다면 어찌 꽃 중의 꽃이겠는가
매살의 염려에 취해 눈 즐겁게 하니 꽃이 됨이 하나요
아편에 혼마저 매살 돼 취하게 하니 꽃 중의 꽃이 됨이 그 둘인 것을

아예 없애버려

세금만 아가리에 처넣는 애물단지 용인경전철
승객 전무 이유 비싼 요금 때문이라던데 그 때문이라면
해결묘책 있구먼, 승객전무고 여객전무고 아예 없애버려

법이거든

특사 국빈 호칭이 문제가 아니라 환영이 문제
환영도 맞을 때보다 보낼 때 환영
불청객은 보낼 때 더 환영하는 법이거든

공곡족음인 것을

찾아주는 이, 기쁜 소식 전해주는 이 없어도
적적함과 쓸쓸함 벗 삼아 즐기면 공곡족음이 무슨 소용
찾아 주는 이 없어도 무소식 희소식 삼아 살면 그게 공곡족음인 것을

* 공곡족음(空谷足音) : 적적할 때 사람이 찾아오거나 쓸쓸히 지낼 때 기쁜 소식을 전해 들음을 뜻함.

그런 향 살아 있을까

축하분으로 받았던 국화분 하나, 말라 버려두었더니 향은 여전
동취 뒤집어쓰고 살다 죽은 인간에게도 그런 향 살아 있을까
살아 있어 맡을 수 있을까? 그런 코로 살고 싶다

역사의 페이지엔

역사의 페이지엔 피 냄새 · 화약 냄새 · 시체 냄새 · 향내 말고도
숨소리 · 울음소리 · 한숨소리 · 신음소리가 나는 페이지도 있다
맡고 듣는 외 목소리와 맨발로 찍은 삶을 보여주는 페이지도 있다

묻노니 · 2

분수 밖의 것 부러워하기보다 두려워할 줄 알아야 하는 것을
두려움보다 부러움에 길들여진 버리지 못한 욕망의 무게
묻노니, 짊어진 채 노예로 살 것인가? 부려버린 자유로 살 것인가?

어진 삶 삼아 살거니

한때 입버릇처럼 즐겨 쓰던 be ambition
펼친 만큼 접을 줄 아는 것도 어짐이 아니던가
대망에 욕망까지 업힌 짐 부려놓은 삶, 어진 삶 삼아 살거니

명언이 별건가

'대를 위해 소를 죽인다'는 상식, '대도 소도 다 살린다'는 명언이지
명언이 별건가, 만고의 진리가 아니면서 진리가 되어주는 말일뿐
시대가 영웅을 만들 듯 당대에 맞은, 때가 만들어낸 말이 명언이지

찾아볼 수 없으니

진실로 살아가는 삶도, 진실만 기둥 삼는 삶도
최선의 삶은 아니지, 진실은 삶이 아니라 삶을 위한 신앙이거든
헌데 어쩐다, 그런 신앙으로 사는 사람 찾아볼 수 없으니

많은 것 같아서

사필귀정이라느니, 정의는 살아 있다느니, 정의는 승리한다는 말
명언은 명언인데 믿고 사는 이 없는 것 같고
거꾸로 명언 아닌 허언으로 보는 이가 더 많은 것 같아서

하는 꼴 좀 봐

세상이 다투어 양극화 양극화 해쌌더니
무슨 그리 좋은 거라고 자연도 따라 하는 꼴 좀 봐
그 좋은 봄·가을은 있으나마나, 여름·겨울로 양극화 즐기잖아

좌초지

경인운하, 유유히 드나드는 뱃길 그림은 좋았네만 날마다 좌초

어디 바위에 부딪쳐 파선 돼야만이 좌초던가

부딪치지 않고도 빈 배로 오가면 폐선보다 무서운 난파지

안 늦었어

늦었지만 여·야, 독일을 배운다니 가상해라 향학열
미국만 배워온 굳어버린 체질 바뀌질지 의문이지만
교육 체질개선 그게 정치 체질개선이거든, 안 늦었어

다시 다녀야 해

만성 역사 소화불량증에 걸린 일본 극우파들
쏟아놓은 궤변마다 대변보다 더한 구린내 진동하던데
뒤 못 가릴 수준이면 역시 유치원부터 다시 다녀야 안 되겠나

엿장수 맘대로

정권 바뀔 때마다 통일 점치며 이런저런 청사진 내놓던데
정작 남북은 요원한 꿈으로 펼쳐본 블루 프린트를
G2는 엿장수 맘대로 가정 가상 합성해 복사물로 찍어내데

남은 약봉지 거둔다

눈 · 귀 · 코 가려움증에 재채기 콧물로 환장할 비염앓이 5월도 끝

보아서는 안 될 것 보지 말고, 들어서는 안 될 것 듣지 말며

맡아서는 안 될 것 맡지 말라는 경고로 알고 남은 약봉지 거둔다

귀에도 살이 쪄서 안들린 모양이다

병원 엘리베이터, 몸집 좋은 중년여인이 2층에서 내렸다
1층쯤은 걸어 올라가면 덧나나? 저러니 살이 찔밖에
계단밟기가 최고운동이라던데 귀에도 살이 쪄서 안들린 모양이다

왜 병원엔 가

피검사 결과 건강 양호, 다만 문제는 술인데 내가 술 먹는 이유
하나는 세상이 병들어서고 다른 하난 내가 건강해서다
아파봐, 술 들어가나? 허면 건강한데 왜 병원엔 가

위조 거꾸로 조의 돼

원전 위조 위조 즐기다가 거꾸로 조의 조의로 이어져

조의가 뭔가? 밥그릇 떨어진다는 뜻 아니던가

밥그릇만 떨어지면 좋게, 숟가락도 놓게 돼

죽은 목숨들이니

북송 청소년 9인이라, 아홉이면?
서구의 길수가 7이듯 한국의 길수가 9 아니던가, 길수면
길한 목숨이란 뜻도 되는데 길하기는커녕 죽은 목숨들이니

거지도 상거지 아니던가

채우면 더 탐하지 않는 세끼 시장기는 육신의 정직함이 아니던가
시도 때도 없이 시장기 못 면하는 밑빠진 독 정신
거기다 딴주머니까지 채우려드는 걸식증, 거지도 상거지 아니던가

찌그러진 상판대기 세상에

잘난 체한다고? 암 잘낫지, 더러운 것 볼줄 알고, 동취 맡을 줄 알고 안 들려도 듣는 귀, 쓴맛 단맛 맛볼 줄 아는 입 가졌으니 정상 이목구비 갖추기가 어디 그리 쉬운가? 찌그러진 상판대기 세상에

척병

정직한 척, 죄라곤 없는 척, 티없이 깨끗한 척, 거기다
가진 척, 잘난 척, 있는 척, 성한 척, 온갖 척 뽐내는
수술로도, 약으로도 고칠 수 없는 암보다 무서운 돌림병 척병

노래가 최고

뭐니뭐니해도 노래가 최고, 머니머니해도 최고는 노래
싸이, 조용필, 이문세 떴다하면 수만 청중으로 인산인해
돈 주고도 동원하지 못하는 청중, 돈 받고 노래가 끌어내거든

가수가 바로 왕이고 영웅인 게야

출세하고 싶거든 가수가 되라, 누구의 말이냐고?
입 달린 사람이면 다 하는 말이야, 노래가 대세거든
대세가 뭔가? 큰 힘 아니던가, 가수가 바로 왕이고 영웅인 게야

기술, 술기 끝에 차는 쇠고랑

페이퍼컴퍼니, 여권, 자격증, 심지어는 지폐까지 위조
위조도 기술은 기술인데 거꾸로는 아편보다 강한 주정의 술기
술기 끝에 차는 쇠고랑, 차보면 알아, 위조가 조의라는 걸

불 뿜거든

전력난으로 에어컨 가동도 시원찮을 텐데 땀께나 흘리겠다
국정원 선거개입, NLL 발언공개로 여야 독 오른 설전이 한참
정치기류 한랭전선인데 설전도 전쟁은 전쟁이라서 불 뿜거든

북녘 신앙이어서

남녘 나랏님은 국빈으로 방중인데 초청 기미 없는 북녘
어쩌나, 핵가슴 되면 이열치열도 안 통하는 열병 못 면하는데
그래도 신주 모시듯 모시는 핵, 북녘 신앙이어서

판정패한 셈이지

남북 기싸움, 심판 따로 있었네

남녘은 국빈 방중으로 기 팍 살고

북녘은 지켜보다 야코 팍 죽었으니 판정패, 중국이 심판인 셈이지

세계가 부러워해

한·중 국빈 정상회담 자랑할 것도 뽐낼 것도 없어
지켜보며 받지 못한 초청 부끄러워할 것도 실망할 것도 없어
하루빨리 남북정상회담 가져봐, 엄청 세계가 부러워해

핵만 포기하면 그리 돼

말씀인즉 생각 바꿔 핵 포기해 봐
국빈보다 더 격 높여 초국빈으로 모셔
세계 박수소리에 경기 안하면 다행, 핵만 포기하면 그리 돼

남과 북

한 · 중 정상회담이 뜻하는 것, 두 나라간 정상이란 뜻이야
어찌 한 · 중뿐이겠는가, 한 · 미, 한 · 일도 다 그래
헌데 정상회담은커녕 장관회의도 무산된 남과 북

핵이 종교인 나라는 없으니까

민주국가에선 신앙의 자유를 법으로 정하고 있지
헌데 핵을 구원으로 믿고 신앙하는 북녘 종교 핵은 달라
세계가 이단으로 취급, 허긴 핵이 종교인 나라는 없거든

삭풍과 열풍이 함께 불어

정치기류는 한랭전선인데 설전은 불을 뿜는 열전지대

어느 나라 전선이냐고? 코리아의 여의도

삼동과 연옥이 공존하는 여의도엔 정치 삭풍·열풍 함께 불어

거꾸로 염색 했나

국정원이면 온 나라 꽃이 만발한 큰 정원인 줄 알았는데
꽃은커녕 비난의 여론이 당긴 화살에 흘린 피 꽃보다 붉어
한때 붉은 사상 하얗게 탈색하던 탈색법 두고 거꾸로 염색 했나

용대기 내세우듯

MB 취임 초 현장영어를 두고 이글리쉬라고들 했어
문법 · 어법 상관없이 의사만 소통되면 되는 영어, 영어뿐이겠나
모든 외국어가 다 그렇지만 용대기내세우듯은※ 안 내세움만 못해서

※ 용대기(龍大旗) 내세우듯 : 사소한 재주라도 내세워 자랑하고 싶어하는데 비유하는 한국 속담.

똥물 아니어서 다행이라 할지

국회, 비방·폭로·막장 드라마에 국민들 신물이 난다던데
단물 바란 적 없고, 맛본 적도 없으니 억울하기 그지없어
거기다 신물이라니 똥물 아니어서 다행이라 할지

여의도 아니던가

옥상엔 호박 · 오이 · 수세미 · 나팔꽃 · 여주 넝쿨들이
다투어 연이란 연 죄다 걸어 감고 서로 얽혀 있다
어디서 많이본 것 같은 저작태, 여의도 1번가 풍속이 그러하지 않던가

극과 극은 통한다니까

비난·비리·비모·비의·비정·비행에 비염앓이까지
비자 돌림병에 경기 안하면 인간 아니지
헌데 비자 돌림에 선도 있데 비핵화, 극과 극은 통한다니까

속이는 기술이라고

정치를 자유의 실현, 선의 실천, 고귀한 헌신이라 했다
명언만 골라 장식한 정의
우리도 한 말씀 합시다, 정치는 기술, 속이는 기술이라고

정작 미국은

미 스노든 첩자냐? 용기 있는 양심인이냐?
세계의 시각은 후자쪽으로 기우는데, 정작 전자쪽 미국은
한출첨배는 고사하고 되레 저돌희용 앞세우다니

※ 한출첨배(汗出沾背) : 등에 진땀이 흐른다 함이니 지극히 부끄럽다는 뜻.

※ 저돌희용(猪突豨勇) : 멧돼지 같은 용맹이 있다는 뜻이니 앞뒤를 생각 않고 함부로 날뜀.

짊어지고 다니면 짐만 되거든

미 스노든, 진실을 밝히고도 나라마다 망명 거부당해
일심가이사백군이라던데 어찌해서 진실이 통하지 않는지
허긴, 진실 실종된지 오랜데다 짊어지고 다니면 짐만 되거든

※ 일심가이사백군(一心可以事百君) : 신하는 진심만 있으면 百君을 섬길 수 있다는 뜻이니 마음만 진실하면 백 사람에게 믿음을 받는다는 뜻.

부앙무괴 소리 높여 외칠 수 있을까

미국의 양심, 미국의 용기, 스노든의 폭로에 세계가 경악인데
정작 미국은 용기와 양심에 부끄러워 얼굴 붉힐 줄도 몰라
그리고도 세계 1등국 자처, 부앙무괴 소리 높여 외칠 수 있을까

※ 부앙무괴(俯仰無愧) : 하늘을 우러러도 땅을 굽어봐도 한 점 양심에 부끄러움이 없음.

고양이 흉내해서야

세계 40여개국 대사관 미국 몰래 도청

정작 스파이 짓은 미 당국이 해놓고 폭로한 스노든 첩자로 몰아

눈 감고 아웅, 등치 큰 사자가 고양이 흉내해서야

등만 보이데

한국 말발 쎈 줄 알았더니 침묵을 더 좋아하는가봐
대사관 도청, 나라마다 따지며 항의가 빗발치는데
코리아는 얌전히 우산 펼쳐 얼굴 가리고 등만 보이데

굉음 차원이어서

골드 투 라인이란 이니셜로 불리는 지인 김이선
NLL 소음 속에서 문득 그리움이 되는 골드 투 라인
그리움까지야 바랄 수 없지만 NLL 소음 아닌 굉음 차원이어서

멀고 멀고 또 멀어서

박근혜 중국나들이 치맛바람, 북녘엔 메가톤급 태풍
만약에 평양나들이 할 수 있다면 태풍 훈풍될 수 있을 텐데
어쩐다 걸어서 하루길 평양, 멀고 멀고 또 멀어서

한잔 술로 선유 안즐길까

이승에선 NLL로 세상이 온통 떠들썩한데
저승의 김·노 두 분 듣고들 있을까?
그보다는 NLL에 배 띄워놓고 한잔 술로 선유나 안즐길까?

그러겠나마는

未知此世 焉知彼世, 공자의 말씀인가?

살아있는 현세도 모르는데 저세상을 어찌 알겠느냐고 꾸며 해본 말이지

彼世 신앙하고 사는 此世, 오죽 살기가 팍팍하면 그러겠나마는

※ 미지차세 언지피세(未知此世 焉知彼世) : 공자의 未知生 焉知死에 빗대어 꾸며본 말로 현세도 모르면서 彼世를 말하겠는가라는 뜻의 조어.

길조인지 흉조인지

성하 날씨 연일 30°를 웃도는 만국여재홍로중인데, 깐 건 약과야
불을 뿜는 여야 설전의 포구는 100°를 오르내려, 헌데
길조인지 흉조인지 그 밑바닥엔 영하 100°의 정치한랭기류가 흘러서

※ 만국여재홍로중(萬國如在紅爐中) : 만국이 화로 안에 들어있다는 것과 같은 말로 더위가 극심함을 이르는 말.

가을이 아득할밖에

봄에서 여름으로 건너뛰는 계절, 왜 가을로는 안 뛰나, 짜증나
물고 늘어지는 염라대왕보다 더 무서운 가로막는 염제의 심술에다
불뿜는 정치 설전 전선이 가로막고 있으니 가을이 아득할밖에

흉내하는 거야

어쩌자고 자연이 문명을 좇을까? 계절만 해도 그래
겨울이 봄 건너뛰어 여름으로, 여름이 가을 건너뛰어 겨울로
빨리빨리 싸게싸게 핑, 자연이 문명따라 흉내하는 거야

살은 안 빠지니

어쩌다 제자들이 찾아와 한턱 쏘고 가면 뒷맛이 미안하다
해준 것 없이 대접받는 일이 어찌 미안치 않겠는가
대접을 이리 벌스럽게 받으니 살인들 찌겠나만 살은 안 빠지니

말이 좋지

그래, 말로 하는 게 좋지, 핵 · 미사일 · 대포보다야
암 말로 하는 게 신사답지, 힘 · 폭력 · 위협보다야
입에 구린내 나는 것보다는 거짓말이라도 말이 좋지

•

박진환 시인은 전남 해남 출신으로 동국대 국문학과를 거쳐 중앙대 대학원을 졸업(문학박사)했다. 1960년 동아일보 신춘문예(詩) · 1963년 自由文學(문학평론)으로 문단에 데뷔했고, 국제PEN한국본부 사무국장 및 이사, 한국문협 고문을 역임했다. 제9회 시문학상, 제3회 비평문학상, 펜문학상, 윤동주문학상 등을 수상했고, 한서대학교 교수 및 예술대학원장을 역임했으며 현재 월간 『조선문학』 발행인 겸 주간으로 있다. 중요 저서로는 시집에 『귀로』, 『사랑법』, 『꽃시집』, 『三行詩抄』 I ~XI 『諷詩調』, 『박진환시전집』 I · II · III · IV · V, 『物神時代』 I · II · III · IV · V, 『동굴일지』 I · II · III · IV · V, 『2012년 8월』 에서 『2013년 7월』 까지 51권의 시집이 있고 평론집으로 『한국현대시인론』, 『현대시론』, 『21C시학과 시법』 등 다수와 『한국시의 공간구조연구』, 『21C 시학』, 『시창작론』, 『諷詩調詩學』 외 다수의 역저가 있다.

•

조선문학시인선 347

諷 詩 調 · 32

2013년 6월

2013년 7월 20일 인쇄
2013년 7월 30일 발행

지은이 / 박진환
발행인 / 박진환
펴낸곳 / 조선문학사
등록번호 / 1-2733
주소 / 110-092 서울 서대문구 홍제2동 96-4
전화 / 02-730-2255
팩스 / 02-723-9373

ISBN 978-89-98115-28-9

정가 10,000원